행운의 흐름을 타고 있는

____________________의 해빙 노트

Having Note

태양은 우리가 등 돌리고 있는

그 순간에도

언제나 그 자리에 있죠.

방향을 바꾸기만 한다면

언제든 따사로운 햇볕을 누릴 수 있어요.

우리가 느끼고 집중해야 할 것은

바로 이 순간이에요.

Having은 지금 이 현실에서

출발해야 해요.

미래형이 아닌 현재진행형인 셈이죠.

"지금 이 순간을 사는 것,

그게 Having의 첫걸음이에요."

Having Note를 위한 안내

Having Note를 쓸 때는 단순한 문장을 사용하는 것이 좋아요. '나는 가지고 있다(I have~)'로 지금 자신에게 있는 것을 적고, '나는 느낀다(I feel~)'로 자신의 감정을 표현하면 됩니다. 그 뒤에 감사나 감탄의 표현을 덧붙이면 더 효과적이지요. 매일 써도 좋지만 일주일에 사나흘 쓰는 것을 권합니다. 하루도 빠지지 않고 써야 한다는 괜한 의무감에 시달릴 필요가 없어요. 아래 몇 가지 당부를 참고하여 Having의 효과를 극대화해보세요.

Having Note를 소중하게 간직하세요.

부동산에도 문서가 있고, 중요한 일을 앞두고 계약서를 쓰듯, 이 Having Note는 행운을 가져다주는 행운 문서나 다름없어요. 부동산 문서나 계약서를 함부로 두는 사람이 없듯 당신이 행운을 지닌 사람이라는 것을 증명해주는 이 노트를 소중하게 간직해주세요.

처음에는 숫자를 많이 쓰지 않는 것이 좋아요.

숫자를 처음 익힐 때 우리는 어떤 수가 더 크고 어떤 수가 더 작은지에 대해 먼저 배웠어요. 의식하지 않아도 우리는 알게 모르게 타

인과 나를 숫자로 비교하곤 하지요. 세상이 우리를 그렇게 세뇌해 놓았기 때문이에요. "오늘 4,500원짜리 아메리카노를 사먹어서 너무 행복하다"라고 노트에 썼는데 더 큰 숫자를 가진 사람들의 이야기를 뉴스나 SNS를 통해 접하게 되면 나 자신이 초라하게 느껴질 수 있어요. 이런 함정에 빠지지 않기 위해서는 노트 쓰기에 단련될 때까지 되도록 숫자를 많이 쓰지 않는 것이 좋습니다.

그날의 감정에 따라 I have와 I feel 중 무엇을 더 많이 쓸지 정해보세요.

하루의 감정을 잘 살펴보세요. 혹시 불안과 두려움, 질투 등 부정적인 감정이 더 크게 느껴지시나요? 그럴 때는 I have에 중점을 두고 자신이 가지고 있는 것을 더 많이 써보세요. 기쁨과 감사, 설렘과 희망 등 긍정적인 감정을 더 강하게 느끼셨나요? 그런 날은 I feel에 집중하며 좋은 감정들을 더 많이 적어보세요.

신체적 반응이 올 때까지 감정을 느껴보세요.

Having Note는 그날 느낀 감정에 동그라미를 치고 색칠하게 되어 있어요. 지금 나의 감정과 맞는 단어를 찾아 동그라미를 치고 색칠하는 동안 그 감정을 직접 느끼라는 의미예요. 글을 쓸 때 우리는 자신도 모르게 글자가 맞았는지 틀렸는지, 더 좋은 표현은 없는지 등에 더 집중하기 때문이지요.
색칠을 하거나 노트를 쓸 때는 신체적 반응이 있을 때까지 충분히 그 기분을 느껴보세요. 웃음이 흘러나올 수도 있고 가슴이 벅차오

르거나 심장이 두근거릴 수도 있어요. 발끝까지 전류가 흐르듯 짜릿할 수도 있고 하늘을 날듯 몸이 가벼워지는 기분일 수도 있어요. 좋은 감정이 몸에서 느껴질 때까지 그 기분에 충분히 머물러보세요.

물살을 타고 있는 그 순간에는 자신이 어디로 가고 있는지 볼 수가 없어요. 하지만 점을 찍은 뒤 그것을 연결하면 전체의 흐름을 볼 수 있지요. Having Note를 쓰는 일은 바로 그렇게 점을 찍어가는 과정이에요. 하나씩 기록하다 보면 당신이 어디로 향하고 있는지 알게 될 거예요. 그렇게 우리 인생 앞에 찾아온 퀀텀 점프의 기회를 포착할 수 있어요.

이제, 불안했던 마음은 사라지고
부와 행운의 흐름을 타는 자신을 만날 시간입니다.
충만한 행복을 만날 시간입니다.
당신 곁에 늘 평안과 행운이 함께하길.

저자 이서윤

Date . . .

I HAVE

I FEEL 감사하다 기쁘다 설레다 충만하다 감동하다 행복하다 희망적이다 평안하다

Date . . .

I HAVE

I FEEL 감사하다 기쁘다 설레다 충만하다 감동하다 행복하다 희망적이다 평안하다

Date . . .

I HAVE

I FEEL 감사하다 기쁘다 설레다 충만하다 감동하다 행복하다 희망적이다 평안하다

Date . . .

I HAVE

I FEEL 감사하다 기쁘다 설레다 충만하다 감동하다 행복하다 희망적이다 평안하다

Date . . .

I HAVE

I FEEL 감사하다 기쁘다 설레다 충만하다 감동하다 행복하다 희망적이다 평안하다

Date . . .

I HAVE

I FEEL 감사하다 기쁘다 설레다 충만하다 감동하다 행복하다 희망적이다 평안하다

Date . . .

I HAVE

I FEEL 감사하다 기쁘다 설레다 충만하다 감동하다 행복하다 희망적이다 평안하다

Date . . .

I HAVE

I FEEL 감사하다 기쁘다 설레다 충만하다 감동하다 행복하다 희망적이다 평안하다

Date . . .

I HAVE

I FEEL 감사하다 기쁘다 설레다 충만하다 감동하다 행복하다 희망적이다 평안하다

Date . . .

I HAVE

I FEEL 감사하다 기쁘다 설레다 충만하다 감동하다 행복하다 희망적이다 평안하다

Date . . .

I HAVE

I FEEL 감사하다 기쁘다 설레다 충만하다 감동하다 행복하다 희망적이다 평안하다

Date . . .

I HAVE

I FEEL 감사하다 기쁘다 설레다 충만하다 감동하다 행복하다 희망적이다 평안하다

Date . . .

I HAVE

I FEEL 감사하다 기쁘다 설레다 충만하다 감동하다 행복하다 희망적이다 평안하다

Date . . .

I HAVE

I FEEL 감사하다 기쁘다 설레다 충만하다 감동하다 행복하다 희망적이다 평안하다

Date . . .

I HAVE

I FEEL 감사하다 기쁘다 설레다 충만하다 감동하다 행복하다 희망적이다 평안하다

Date . . .

I HAVE

I FEEL 감사하다 기쁘다 설레다 충만하다 감동하다 행복하다 희망적이다 평안하다

Date . . .

I HAVE

I FEEL 감사하다 기쁘다 설레다 충만하다 감동하다 행복하다 희망적이다 평안하다

Date . . .

I HAVE

I FEEL 감사하다 기쁘다 설레다 충만하다 감동하다 행복하다 희망적이다 평안하다

Date . . .

I HAVE

I FEEL 감사하다 기쁘다 설레다 충만하다 감동하다 행복하다 희망적이다 평안하다

Date . . .

I HAVE

I FEEL 감사하다 기쁘다 설레다 충만하다 감동하다 행복하다 희망적이다 평안하다

Date . . .

I HAVE

I FEEL 감사하다 기쁘다 설레다 충만하다 감동하다 행복하다 희망적이다 평안하다

Date . . .

I HAVE

I FEEL 감사하다 기쁘다 설레다 충만하다 감동하다 행복하다 희망적이다 평안하다

Date . . .

I HAVE

I FEEL 감사하다 기쁘다 설레다 충만하다 감동하다 행복하다 희망적이다 평안하다

Date . . .

I HAVE

I FEEL 감사하다 기쁘다 설레다 충만하다 감동하다 행복하다 희망적이다 평안하다

Date . . .

I HAVE

I FEEL 감사하다 기쁘다 설레다 충만하다 감동하다 행복하다 희망적이다 평안하다

Date . . .

I HAVE

I FEEL 감사하다 기쁘다 설레다 충만하다 감동하다 행복하다 희망적이다 평안하다

Having의 핵심은 편안함이에요.

진정한 편안함이란

내 영혼이 원하는 것과 행동이 일치될 때

느껴지는 감정이에요.

흘러가는 물 위에 떠 있으면서

자연스럽게 몸을 맡기는 느낌이죠.

이 감정이 바로

우리를 부자로 이끌어주는 신호예요.

Date . . .

I HAVE

I FEEL 감사하다 기쁘다 설레다 충만하다 감동하다 행복하다 희망적이다 평안하다

Date . . .

I HAVE

I FEEL 감사하다 기쁘다 설레다 충만하다 감동하다 행복하다 희망적이다 평안하다

Date . . .

I HAVE

I FEEL 감사하다 기쁘다 설레다 충만하다 감동하다 행복하다 희망적이다 평안하다

Date . . .

I HAVE

I FEEL 감사하다 기쁘다 설레다 충만하다 감동하다 행복하다 희망적이다 평안하다

Date . . .

I HAVE

I FEEL 감사하다 기쁘다 설레다 충만하다 감동하다 행복하다 희망적이다 평안하다

Date . . .

I HAVE

I FEEL 감사하다 기쁘다 설레다 충만하다 감동하다 행복하다 희망적이다 평안하다

Date . . .

I HAVE

I FEEL 감사하다 기쁘다 설레다 충만하다 감동하다 행복하다 희망적이다 평안하다

Date . . .

I HAVE

I FEEL 감사하다 기쁘다 설레다 충만하다 감동하다 행복하다 희망적이다 평안하다

Date . . .

I HAVE

I FEEL 감사하다 기쁘다 설레다 충만하다 감동하다 행복하다 희망적이다 평안하다

Date . . .

I HAVE

I FEEL 감사하다 기쁘다 설레다 충만하다 감동하다 행복하다 희망적이다 평안하다

Date . . .

I HAVE

I FEEL 감사하다 기쁘다 설레다 충만하다 감동하다 행복하다 희망적이다 평안하다

Date . . .

I HAVE

I FEEL 감사하다 기쁘다 설레다 충만하다 감동하다 행복하다 희망적이다 평안하다

Date . . .

I HAVE

I FEEL 감사하다 기쁘다 설레다 충만하다 감동하다 행복하다 희망적이다 평안하다

Date . . .

I HAVE

I FEEL 감사하다 기쁘다 설레다 충만하다 감동하다 행복하다 희망적이다 평안하다

Date . . .

I HAVE

I FEEL 감사하다 기쁘다 설레다 충만하다 감동하다 행복하다 희망적이다 평안하다

Date . . .

I HAVE

I FEEL 감사하다 기쁘다 설레다 충만하다 감동하다 행복하다 희망적이다 평안하다

Date . . .

I HAVE

I FEEL 감사하다 기쁘다 설레다 충만하다 감동하다 행복하다 희망적이다 평안하다

Date . . .

I HAVE

I FEEL 감사하다 기쁘다 설레다 충만하다 감동하다 행복하다 희망적이다 평안하다

Date . . .

I HAVE

I FEEL 감사하다 기쁘다 설레다 충만하다 감동하다 행복하다 희망적이다 평안하다

Date . . .

I HAVE

I FEEL 감사하다 기쁘다 설레다 충만하다 감동하다 행복하다 희망적이다 평안하다

Date . . .

I HAVE

I FEEL 감사하다 기쁘다 설레다 충만하다 감동하다 행복하다 희망적이다 평안하다

Date . . .

I HAVE

I FEEL 감사하다 기쁘다 설레다 충만하다 감동하다 행복하다 희망적이다 평안하다

Date . . .

I HAVE

I FEEL 감사하다 기쁘다 설레다 충만하다 감동하다 행복하다 희망적이다 평안하다

Date . . .

I HAVE

I FEEL 감사하다 기쁘다 설레다 충만하다 감동하다 행복하다 희망적이다 평안하다

Date . . .

I HAVE

I FEEL 감사하다 기쁘다 설레다 충만하다 감동하다 행복하다 희망적이다 평안하다

Date . . .

I HAVE

I FEEL 감사하다 기쁘다 설레다 충만하다 감동하다 행복하다 희망적이다 평안하다

행운은 효율성과 상통하는 개념이에요.

노력에 비해 쉽고 빠르게 원하는 걸 얻는 거죠.

행운은 우리의 노력에 곱셈이 되는 것이지

덧셈이 되는 것은 아니에요.

행운이 덧셈으로 온다면

노력이 '0'이어도 행운이 올 수 있겠죠. 하지만

행운의 법칙은 그렇지 않아요. 행운은 곱하기죠.

노력이 0이면 거기에 아무리 행운을 곱해도

결과는 0이에요.

아무것도 얻을 수 없다는 말이에요.

Date . . .

I HAVE

I FEEL 감사하다 기쁘다 설레다 충만하다 감동하다 행복하다 희망적이다 평안하다

Date . . .

I HAVE

I FEEL 감사하다 기쁘다 설레다 충만하다 감동하다 행복하다 희망적이다 평안하다

Date . . .

I HAVE

I FEEL 감사하다 기쁘다 설레다 충만하다 감동하다 행복하다 희망적이다 평안하다

Date . . .

I HAVE

I FEEL 감사하다 기쁘다 설레다 충만하다 감동하다 행복하다 희망적이다 평안하다

Date . . .

I HAVE

I FEEL 감사하다 기쁘다 설레다 충만하다 감동하다 행복하다 희망적이다 평안하다

Date . . .

I HAVE

I FEEL 감사하다 기쁘다 설레다 충만하다 감동하다 행복하다 희망적이다 평안하다

Date . . .

I HAVE

I FEEL 감사하다 기쁘다 설레다 충만하다 감동하다 행복하다 희망적이다 평안하다

Date . . .

I HAVE

I FEEL 감사하다 기쁘다 설레다 충만하다 감동하다 행복하다 희망적이다 평안하다

Date . . .

I HAVE

I FEEL 감사하다 기쁘다 설레다 충만하다 감동하다 행복하다 희망적이다 평안하다

Date . . .

I HAVE

I FEEL 감사하다 기쁘다 설레다 충만하다 감동하다 행복하다 희망적이다 평안하다

Date . . .

I HAVE

I FEEL 감사하다 기쁘다 설레다 충만하다 감동하다 행복하다 희망적이다 평안하다

Date . . .

I HAVE

I FEEL 감사하다 기쁘다 설레다 충만하다 감동하다 행복하다 희망적이다 평안하다

Date . . .

I HAVE

I FEEL 감사하다 기쁘다 설레다 충만하다 감동하다 행복하다 희망적이다 평안하다

Date . . .

I HAVE

I FEEL 감사하다 기쁘다 설레다 충만하다 감동하다 행복하다 희망적이다 평안하다

Date . . .

I HAVE

I FEEL 감사하다 기쁘다 설레다 충만하다 감동하다 행복하다 희망적이다 평안하다

Date . . .

I HAVE

I FEEL 감사하다 기쁘다 설레다 충만하다 감동하다 행복하다 희망적이다 평안하다

Date . . .

I HAVE

I FEEL 감사하다 기쁘다 설레다 충만하다 감동하다 행복하다 희망적이다 평안하다

Date . . .

I HAVE

I FEEL 감사하다 기쁘다 설레다 충만하다 감동하다 행복하다 희망적이다 평안하다

Date . . .

I HAVE

I FEEL 감사하다 기쁘다 설레다 충만하다 감동하다 행복하다 희망적이다 평안하다

Date . . .

I HAVE

I FEEL 감사하다 기쁘다 설레다 충만하다 감동하다 행복하다 희망적이다 평안하다

Date . . .

I HAVE

I FEEL 감사하다 기쁘다 설레다 충만하다 감동하다 행복하다 희망적이다 평안하다

Date . . .

I HAVE

I FEEL 감사하다 기쁘다 설레다 충만하다 감동하다 행복하다 희망적이다 평안하다

Date . . .

I HAVE

I FEEL 감사하다 기쁘다 설레다 충만하다 감동하다 행복하다 희망적이다 평안하다

Date . . .

I HAVE

I FEEL 감사하다 기쁘다 설레다 충만하다 감동하다 행복하다 희망적이다 평안하다

Date . . .

I HAVE

I FEEL 감사하다 기쁘다 설레다 충만하다 감동하다 행복하다 희망적이다 평안하다

Date . . .

I HAVE

I FEEL 감사하다 기쁘다 설레다 충만하다 감동하다 행복하다 희망적이다 평안하다

너무 늦은 때란 없어요.

Having이 가져오는 행운은

나이를 가리지 않아요.

Date . . .

I HAVE

I FEEL 감사하다 기쁘다 설레다 충만하다 감동하다 행복하다 희망적이다 평안하다

Date . . .

I HAVE

I FEEL 감사하다 기쁘다 설레다 충만하다 감동하다 행복하다 희망적이다 평안하다

Date . . .

I HAVE

I FEEL 감사하다 기쁘다 설레다 충만하다 감동하다 행복하다 희망적이다 평안하다

Date . . .

I HAVE

I FEEL 감사하다 기쁘다 설레다 충만하다 감동하다 행복하다 희망적이다 평안하다

Date . . .

I HAVE

I FEEL 감사하다 기쁘다 설레다 충만하다 감동하다 행복하다 희망적이다 평안하다

Date . . .

I HAVE

I FEEL 감사하다 기쁘다 설레다 충만하다 감동하다 행복하다 희망적이다 평안하다

Date . . .

I HAVE

I FEEL 감사하다 기쁘다 설레다 충만하다 감동하다 행복하다 희망적이다 평안하다

Date . . .

I HAVE

I FEEL 감사하다 기쁘다 설레다 충만하다 감동하다 행복하다 희망적이다 평안하다

Date . . .

I HAVE

I FEEL 감사하다 기쁘다 설레다 충만하다 감동하다 행복하다 희망적이다 평안하다

Date . . .

I HAVE

I FEEL 감사하다 기쁘다 설레다 충만하다 감동하다 행복하다 희망적이다 평안하다

Date . . .

I HAVE

I FEEL 감사하다 기쁘다 설레다 충만하다 감동하다 행복하다 희망적이다 평안하다

Date . . .

I HAVE

I FEEL 감사하다 기쁘다 설레다 충만하다 감동하다 행복하다 희망적이다 평안하다

Date . . .

I HAVE

I FEEL 감사하다 기쁘다 설레다 충만하다 감동하다 행복하다 희망적이다 평안하다

Date . . .

I HAVE

I FEEL 감사하다 기쁘다 설레다 충만하다 감동하다 행복하다 희망적이다 평안하다

Date . . .

I HAVE

I FEEL 감사하다 기쁘다 설레다 충만하다 감동하다 행복하다 희망적이다 평안하다

Date . . .

I HAVE

I FEEL 감사하다 기쁘다 설레다 충만하다 감동하다 행복하다 희망적이다 평안하다

Date . . .

I HAVE

I FEEL 감사하다 기쁘다 설레다 충만하다 감동하다 행복하다 희망적이다 평안하다

Date . . .

I HAVE

I FEEL 감사하다 기쁘다 설레다 충만하다 감동하다 행복하다 희망적이다 평안하다

Date . . .

I HAVE

I FEEL 감사하다 기쁘다 설레다 충만하다 감동하다 행복하다 희망적이다 평안하다

Date . . .

I HAVE

I FEEL 감사하다 기쁘다 설레다 충만하다 감동하다 행복하다 희망적이다 평안하다

Date . . .

I HAVE

I FEEL 감사하다 기쁘다 설레다 충만하다 감동하다 행복하다 희망적이다 평안하다

Date . . .

I HAVE

I FEEL 감사하다 기쁘다 설레다 충만하다 감동하다 행복하다 희망적이다 평안하다

Date . . .

I HAVE

I FEEL 감사하다 기쁘다 설레다 충만하다 감동하다 행복하다 희망적이다 평안하다

Date . . .

I HAVE

I FEEL 감사하다 기쁘다 설레다 충만하다 감동하다 행복하다 희망적이다 평안하다

Date . . .

I HAVE

I FEEL 감사하다 기쁘다 설레다 충만하다 감동하다 행복하다 희망적이다 평안하다

Date . . .

I HAVE

I FEEL 감사하다 기쁘다 설레다 충만하다 감동하다 행복하다 희망적이다 평안하다

지금 흔들린다 해도
우리는 계속 목적지를 향해 나아가고 있음을
잊지 말아요. 여전히 안전해요.
불안을 목적지에 도착하는 과정의 일부로 받아들이면
그것을 떨쳐내기 위해 과장된 행동을 하지 않을 수 있지요.

마음이 실컷 불안해하고 조바심을 내도록 그대로 두고
영혼이 이끄는 대로 편안함을 따라 행동하세요.
그럼 자연스럽게 행운을 끌어올 수 있어요.

Date . . .

I HAVE

I FEEL 감사하다 기쁘다 설레다 충만하다 감동하다 행복하다 희망적이다 평안하다

Date . . .

I HAVE

I FEEL 감사하다 기쁘다 설레다 충만하다 감동하다 행복하다 희망적이다 평안하다

Date . . .

I HAVE

I FEEL 감사하다 기쁘다 설레다 충만하다 감동하다 행복하다 희망적이다 평안하다

Date . . .

I HAVE

I FEEL 감사하다 기쁘다 설레다 충만하다 감동하다 행복하다 희망적이다 평안하다

Date . . .

I HAVE

I FEEL 감사하다 기쁘다 설레다 충만하다 감동하다 행복하다 희망적이다 평안하다

Date . . .

I HAVE

I FEEL 감사하다 기쁘다 설레다 충만하다 감동하다 행복하다 희망적이다 평안하다

Date . . .

I HAVE

I FEEL 감사하다 기쁘다 설레다 충만하다 감동하다 행복하다 희망적이다 평안하다

Date . . .

I HAVE

I FEEL 감사하다 기쁘다 설레다 충만하다 감동하다 행복하다 희망적이다 평안하다

Date . . .

I HAVE

I FEEL 감사하다 기쁘다 설레다 충만하다 감동하다 행복하다 희망적이다 평안하다

Date . . .

I HAVE

I FEEL 감사하다 기쁘다 설레다 충만하다 감동하다 행복하다 희망적이다 평안하다

Date . . .

I HAVE

I FEEL 감사하다 기쁘다 설레다 충만하다 감동하다 행복하다 희망적이다 평안하다

Date . . .

I HAVE

I FEEL 감사하다 기쁘다 설레다 충만하다 감동하다 행복하다 희망적이다 평안하다

Date . . .

I HAVE

I FEEL 감사하다 기쁘다 설레다 충만하다 감동하다 행복하다 희망적이다 평안하다

Date . . .

I HAVE

I FEEL 감사하다 기쁘다 설레다 충만하다 감동하다 행복하다 희망적이다 평안하다

Date . . .

I HAVE

I FEEL 감사하다 기쁘다 설레다 충만하다 감동하다 행복하다 희망적이다 평안하다

Date . . .

I HAVE

I FEEL 감사하다 기쁘다 설레다 충만하다 감동하다 행복하다 희망적이다 평안하다

Date . . .

I HAVE

I FEEL 감사하다 기쁘다 설레다 충만하다 감동하다 행복하다 희망적이다 평안하다

Date . . .

I HAVE

I FEEL 감사하다 기쁘다 설레다 충만하다 감동하다 행복하다 희망적이다 평안하다

Date . . .

I HAVE

I FEEL 감사하다 기쁘다 설레다 충만하다 감동하다 행복하다 희망적이다 평안하다

Date . . .

I HAVE

I FEEL 감사하다 기쁘다 설레다 충만하다 감동하다 행복하다 희망적이다 평안하다

Date . . .

I HAVE

I FEEL 감사하다 기쁘다 설레다 충만하다 감동하다 행복하다 희망적이다 평안하다

Date . . .

I HAVE

I FEEL 감사하다 기쁘다 설레다 충만하다 감동하다 행복하다 희망적이다 평안하다

Date . . .

I HAVE

I FEEL 감사하다 기쁘다 설레다 충만하다 감동하다 행복하다 희망적이다 평안하다

Date . . .

I HAVE

I FEEL 감사하다 기쁘다 설레다 충만하다 감동하다 행복하다 희망적이다 평안하다

Date . . .

I HAVE

I FEEL 감사하다 기쁘다 설레다 충만하다 감동하다 행복하다 희망적이다 평안하다

Date . . .

I HAVE

I FEEL 감사하다 기쁘다 설레다 충만하다 감동하다 행복하다 희망적이다 평안하다

행운은 움직이는 것이고,
그 움직임에는 일정한 흐름이 있죠.
그 흐름을 타고 가는 사람이 행운아예요.

운의 흐름을 탄 사람들은
물이 흘러가는 방향으로 노를 젓는 셈이니
노력에 비해 몇 배의 가속이 붙거든요.

부자가 되는 길 역시 마찬가지예요.
운의 흐름을 탄다면 같은 노력을 해도 훨씬 쉽고
효율적으로 부자가 될 수 있어요.

Date . . .

I HAVE

I FEEL 감사하다 기쁘다 설레다 충만하다 감동하다 행복하다 희망적이다 평안하다

Date . . .

I HAVE

I FEEL 감사하다 기쁘다 설레다 충만하다 감동하다 행복하다 희망적이다 평안하다

Date . . .

I HAVE

I FEEL 감사하다 기쁘다 설레다 충만하다 감동하다 행복하다 희망적이다 평안하다

Date . . .

I HAVE

I FEEL 감사하다 기쁘다 설레다 충만하다 감동하다 행복하다 희망적이다 평안하다

Date . . .

I HAVE

I FEEL 감사하다 기쁘다 설레다 충만하다 감동하다 행복하다 희망적이다 평안하다

Date . . .

I HAVE

I FEEL 감사하다 기쁘다 설레다 충만하다 감동하다 행복하다 희망적이다 평안하다

Date . . .

I HAVE

I FEEL 감사하다 기쁘다 설레다 충만하다 감동하다 행복하다 희망적이다 평안하다

Date . . .

I HAVE

I FEEL 감사하다 기쁘다 설레다 충만하다 감동하다 행복하다 희망적이다 평안하다

Date . . .

I HAVE

I FEEL 감사하다 기쁘다 설레다 충만하다 감동하다 행복하다 희망적이다 평안하다

Date . . .

I HAVE

I FEEL 감사하다 기쁘다 설레다 충만하다 감동하다 행복하다 희망적이다 평안하다

Date . . .

I HAVE

I FEEL 감사하다 기쁘다 설레다 충만하다 감동하다 행복하다 희망적이다 평안하다

Date . . .

I HAVE

I FEEL 감사하다 기쁘다 설레다 충만하다 감동하다 행복하다 희망적이다 평안하다

Date . . .

I HAVE

I FEEL 감사하다 기쁘다 설레다 충만하다 감동하다 행복하다 희망적이다 평안하다

Date . . .

I HAVE

I FEEL 감사하다 기쁘다 설레다 충만하다 감동하다 행복하다 희망적이다 평안하다

Date . . .

I HAVE

I FEEL 감사하다 기쁘다 설레다 충만하다 감동하다 행복하다 희망적이다 평안하다

Date . . .

I HAVE

I FEEL 감사하다 기쁘다 설레다 충만하다 감동하다 행복하다 희망적이다 평안하다

Date . . .

I HAVE

I FEEL 감사하다 기쁘다 설레다 충만하다 감동하다 행복하다 희망적이다 평안하다

Date . . .

I HAVE

I FEEL 감사하다 기쁘다 설레다 충만하다 감동하다 행복하다 희망적이다 평안하다

Date . . .

I HAVE

I FEEL 감사하다 기쁘다 설레다 충만하다 감동하다 행복하다 희망적이다 평안하다

Date . . .

I HAVE

I FEEL 감사하다 기쁘다 설레다 충만하다 감동하다 행복하다 희망적이다 평안하다

Date . . .

I HAVE

I FEEL 감사하다 기쁘다 설레다 충만하다 감동하다 행복하다 희망적이다 평안하다

Date . . .

I HAVE

I FEEL 감사하다 기쁘다 설레다 충만하다 감동하다 행복하다 희망적이다 평안하다

Date . . .

I HAVE

I FEEL 감사하다 기쁘다 설레다 충만하다 감동하다 행복하다 희망적이다 평안하다

Date . . .

I HAVE

I FEEL 감사하다 기쁘다 설레다 충만하다 감동하다 행복하다 희망적이다 평안하다

Date . . .

I HAVE

I FEEL 감사하다 기쁘다 설레다 충만하다 감동하다 행복하다 희망적이다 평안하다

Date . . .

I HAVE

I FEEL 감사하다 기쁘다 설레다 충만하다 감동하다 행복하다 희망적이다 평안하다

진짜 부자는 돈을 쓰면서
그것을 기쁨으로 누릴 줄 알죠.
지금 주머니에 얼마가 있는지는 중요치 않아요.
Having은 단돈 1달러라도
'지금 나에게 돈이 있다'는 것에
집중하는 데서 시작해요.

그 감정이 커져갈수록
돈을 벌 수 있는 내 능력에 감사하게 되죠.
돈을 벌어다 준 세상에게도 감사하게 되고요.
그렇게 더 큰 돈이 돌아올 것을 아는 것,
그것이 진짜 부자의 마음이에요.

Date . . .

I HAVE

I FEEL 감사하다 기쁘다 설레다 충만하다 감동하다 행복하다 희망적이다 평안하다

Date . . .

I HAVE

I FEEL 감사하다 기쁘다 설레다 충만하다 감동하다 행복하다 희망적이다 평안하다

Date . . .

I HAVE

I FEEL 감사하다 기쁘다 설레다 충만하다 감동하다 행복하다 희망적이다 평안하다

Date . . .

I HAVE

I FEEL 감사하다 기쁘다 설레다 충만하다 감동하다 행복하다 희망적이다 평안하다

Date . . .

I HAVE

I FEEL 감사하다 기쁘다 설레다 충만하다 감동하다 행복하다 희망적이다 평안하다

Date . . .

I HAVE

I FEEL 감사하다 기쁘다 설레다 충만하다 감동하다 행복하다 희망적이다 평안하다

Date . . .

I HAVE

I FEEL 감사하다 기쁘다 설레다 충만하다 감동하다 행복하다 희망적이다 평안하다

Date . . .

I HAVE

I FEEL 감사하다 기쁘다 설레다 충만하다 감동하다 행복하다 희망적이다 평안하다

Date . . .

I HAVE

I FEEL 감사하다 기쁘다 설레다 충만하다 감동하다 행복하다 희망적이다 평안하다

Date . . .

I HAVE

I FEEL 감사하다 기쁘다 설레다 충만하다 감동하다 행복하다 희망적이다 평안하다

Date . . .

I HAVE

I FEEL 감사하다 기쁘다 설레다 충만하다 감동하다 행복하다 희망적이다 평안하다

Date . . .

I HAVE

I FEEL 감사하다 기쁘다 설레다 충만하다 감동하다 행복하다 희망적이다 평안하다

Date . . .

I HAVE

I FEEL 감사하다 기쁘다 설레다 충만하다 감동하다 행복하다 희망적이다 평안하다

Date . . .

I HAVE

I FEEL 감사하다 기쁘다 설레다 충만하다 감동하다 행복하다 희망적이다 평안하다

Date . . .

I HAVE

I FEEL 감사하다 기쁘다 설레다 충만하다 감동하다 행복하다 희망적이다 평안하다

Date . . .

I HAVE

I FEEL 감사하다 기쁘다 설레다 충만하다 감동하다 행복하다 희망적이다 평안하다

Date . . .

I HAVE

I FEEL 감사하다 기쁘다 설레다 충만하다 감동하다 행복하다 희망적이다 평안하다

Date . . .

I HAVE

I FEEL 감사하다 기쁘다 설레다 충만하다 감동하다 행복하다 희망적이다 평안하다

Date . . .

I HAVE

I FEEL 감사하다 기쁘다 설레다 충만하다 감동하다 행복하다 희망적이다 평안하다

Date . . .

I HAVE

I FEEL 감사하다 기쁘다 설레다 충만하다 감동하다 행복하다 희망적이다 평안하다

Date . . .

I HAVE

I FEEL 감사하다 기쁘다 설레다 충만하다 감동하다 행복하다 희망적이다 평안하다

Date . . .

I HAVE

I FEEL 감사하다 기쁘다 설레다 충만하다 감동하다 행복하다 희망적이다 평안하다

Date . . .

I HAVE

I FEEL 감사하다 기쁘다 설레다 충만하다 감동하다 행복하다 희망적이다 평안하다

Date . . .

I HAVE

I FEEL 감사하다 기쁘다 설레다 충만하다 감동하다 행복하다 희망적이다 평안하다

Date . . .

I HAVE

I FEEL 감사하다 기쁘다 설레다 충만하다 감동하다 행복하다 희망적이다 평안하다

Date . . .

I HAVE

I FEEL 감사하다 기쁘다 설레다 충만하다 감동하다 행복하다 희망적이다 평안하다

진짜 부자는 오늘을 살죠.
매일 그날의 기쁨에 충실하니까요.
가짜 부자는 내일만 살아요.
오늘은 내일을 위해 희생해야 할
또 다른 하루일 뿐이죠.

진짜 부자에게 돈이란
오늘을 마음껏 누리게 해주는
'수단'이자 '하인'이에요.
반대로 가짜 부자에게 돈은
'목표'이자 '주인'이죠. 그 돈을 지키고자
자신의 삶을 희생하는 거예요.

Date . . .

I HAVE

I FEEL 감사하다 기쁘다 설레다 충만하다 감동하다 행복하다 희망적이다 평안하다

Date . . .

I HAVE

I FEEL 감사하다 기쁘다 설레다 충만하다 감동하다 행복하다 희망적이다 평안하다

Date . . .

I HAVE

I FEEL 감사하다 기쁘다 설레다 충만하다 감동하다 행복하다 희망적이다 평안하다

Date . . .

I HAVE

I FEEL 감사하다 기쁘다 설레다 충만하다 감동하다 행복하다 희망적이다 평안하다

Date . . .

I HAVE

I FEEL 감사하다 기쁘다 설레다 충만하다 감동하다 행복하다 희망적이다 평안하다

Date . . .

I HAVE

I FEEL 감사하다 기쁘다 설레다 충만하다 감동하다 행복하다 희망적이다 평안하다

Date . . .

I HAVE

I FEEL 감사하다 기쁘다 설레다 충만하다 감동하다 행복하다 희망적이다 평안하다

Date . . .

I HAVE

I FEEL 감사하다 기쁘다 설레다 충만하다 감동하다 행복하다 희망적이다 평안하다

Date . . .

I HAVE

I FEEL 감사하다 기쁘다 설레다 충만하다 감동하다 행복하다 희망적이다 평안하다

Date . . .

I HAVE

I FEEL 감사하다 기쁘다 설레다 충만하다 감동하다 행복하다 희망적이다 평안하다

Date . . .

I HAVE

I FEEL 감사하다 기쁘다 설레다 충만하다 감동하다 행복하다 희망적이다 평안하다

Date . . .

I HAVE

I FEEL 감사하다 기쁘다 설레다 충만하다 감동하다 행복하다 희망적이다 평안하다

Date . . .

I HAVE

I FEEL 감사하다 기쁘다 설레다 충만하다 감동하다 행복하다 희망적이다 평안하다

Date . . .

I HAVE

I FEEL 감사하다 기쁘다 설레다 충만하다 감동하다 행복하다 희망적이다 평안하다

Date . . .

I HAVE

I FEEL 감사하다 기쁘다 설레다 충만하다 감동하다 행복하다 희망적이다 평안하다

Date . . .

I HAVE

I FEEL 감사하다 기쁘다 설레다 충만하다 감동하다 행복하다 희망적이다 평안하다

Date . . .

I HAVE

I FEEL 감사하다 기쁘다 설레다 충만하다 감동하다 행복하다 희망적이다 평안하다

Date . . .

I HAVE

I FEEL 감사하다 기쁘다 설레다 충만하다 감동하다 행복하다 희망적이다 평안하다

Date . . .

I HAVE

I FEEL 감사하다 기쁘다 설레다 충만하다 감동하다 행복하다 희망적이다 평안하다

Date . . .

I HAVE

I FEEL 감사하다 기쁘다 설레다 충만하다 감동하다 행복하다 희망적이다 평안하다

Date . . .

I HAVE

I FEEL 감사하다 기쁘다 설레다 충만하다 감동하다 행복하다 희망적이다 평안하다

Date . . .

I HAVE

I FEEL 감사하다 기쁘다 설레다 충만하다 감동하다 행복하다 희망적이다 평안하다

Date . . .

I HAVE

I FEEL 감사하다 기쁘다 설레다 충만하다 감동하다 행복하다 희망적이다 평안하다

Date . . .

I HAVE

I FEEL 감사하다 기쁘다 설레다 충만하다 감동하다 행복하다 희망적이다 평안하다

Date . . .

I HAVE

I FEEL 감사하다 기쁘다 설레다 충만하다 감동하다 행복하다 희망적이다 평안하다

Date . . .

I HAVE

I FEEL 감사하다 기쁘다 설레다 충만하다 감동하다 행복하다 희망적이다 평안하다

지금의 상황을 벗어나

더 높은 곳으로 끌어줄 열쇠는

사실 우리 안에 있어요.

그 답이 바로 감정이에요.

감정이란 우리가 태어날 때

우주에게 선물받은

에너지이지요.

Date . . .

I HAVE

I FEEL 감사하다 기쁘다 설레다 충만하다 감동하다 행복하다 희망적이다 평안하다

Date . . .

I HAVE

I FEEL 감사하다 기쁘다 설레다 충만하다 감동하다 행복하다 희망적이다 평안하다

Date . . .

I HAVE

I FEEL 감사하다 기쁘다 설레다 충만하다 감동하다 행복하다 희망적이다 평안하다

Date . . .

I HAVE

I FEEL 감사하다 기쁘다 설레다 충만하다 감동하다 행복하다 희망적이다 평안하다

Date . . .

I HAVE

I FEEL 감사하다 기쁘다 설레다 충만하다 감동하다 행복하다 희망적이다 평안하다

Date . . .

I HAVE

I FEEL 감사하다 기쁘다 설레다 충만하다 감동하다 행복하다 희망적이다 평안하다

Date . . .

I HAVE

I FEEL 감사하다 기쁘다 설레다 충만하다 감동하다 행복하다 희망적이다 평안하다

Date . . .

I HAVE

I FEEL 감사하다 기쁘다 설레다 충만하다 감동하다 행복하다 희망적이다 평안하다

Date . . .

I HAVE

I FEEL 감사하다 기쁘다 설레다 충만하다 감동하다 행복하다 희망적이다 평안하다

Date . . .

I HAVE

I FEEL 감사하다 기쁘다 설레다 충만하다 감동하다 행복하다 희망적이다 평안하다

Date . . .

I HAVE

I FEEL 감사하다 기쁘다 설레다 충만하다 감동하다 행복하다 희망적이다 평안하다

Date . . .

I HAVE

I FEEL 감사하다 기쁘다 설레다 충만하다 감동하다 행복하다 희망적이다 평안하다

Date . . .

I HAVE

I FEEL 감사하다 기쁘다 설레다 충만하다 감동하다 행복하다 희망적이다 평안하다

Date . . .

I HAVE

I FEEL 감사하다 기쁘다 설레다 충만하다 감동하다 행복하다 희망적이다 평안하다

Date . . .

I HAVE

I FEEL 감사하다 기쁘다 설레다 충만하다 감동하다 행복하다 희망적이다 평안하다

Date . . .

I HAVE

I FEEL 감사하다 기쁘다 설레다 충만하다 감동하다 행복하다 희망적이다 평안하다

Date . . .

I HAVE

I FEEL 감사하다 기쁘다 설레다 충만하다 감동하다 행복하다 희망적이다 평안하다

Date . . .

I HAVE

I FEEL 감사하다 기쁘다 설레다 충만하다 감동하다 행복하다 희망적이다 평안하다

Date . . .

I HAVE

I FEEL 감사하다 기쁘다 설레다 충만하다 감동하다 행복하다 희망적이다 평안하다

Date . . .

I HAVE

I FEEL 감사하다 기쁘다 설레다 충만하다 감동하다 행복하다 희망적이다 평안하다

Date . . .

I HAVE

I FEEL 감사하다 기쁘다 설레다 충만하다 감동하다 행복하다 희망적이다 평안하다

Date . . .

I HAVE

I FEEL 감사하다 기쁘다 설레다 충만하다 감동하다 행복하다 희망적이다 평안하다

Date . . .

I HAVE

I FEEL 감사하다 기쁘다 설레다 충만하다 감동하다 행복하다 희망적이다 평안하다

Date . . .

I HAVE

I FEEL 감사하다 기쁘다 설레다 충만하다 감동하다 행복하다 희망적이다 평안하다

Date . . .

I HAVE

I FEEL 감사하다 기쁘다 설레다 충만하다 감동하다 행복하다 희망적이다 평안하다

Date . . .

I HAVE

I FEEL 감사하다 기쁘다 설레다 충만하다 감동하다 행복하다 희망적이다 평안하다

슬픔이 찾아오면
있는 그대로의 슬픔에
충분히 머무르는 것이 중요해요.
그래야 슬픔이 고여 있지 않고
강물처럼 흘러가게 되죠.

Date . . .

I HAVE

I FEEL 감사하다 기쁘다 설레다 충만하다 감동하다 행복하다 희망적이다 평안하다

Date . . .

I HAVE

I FEEL 감사하다 기쁘다 설레다 충만하다 감동하다 행복하다 희망적이다 평안하다

Date . . .

I HAVE

I FEEL 감사하다 기쁘다 설레다 충만하다 감동하다 행복하다 희망적이다 평안하다

Date . . .

I HAVE

I FEEL 감사하다 기쁘다 설레다 충만하다 감동하다 행복하다 희망적이다 평안하다

Date . . .

I HAVE

I FEEL 감사하다 기쁘다 설레다 충만하다 감동하다 행복하다 희망적이다 평안하다

Date . . .

I HAVE

I FEEL 감사하다 기쁘다 설레다 충만하다 감동하다 행복하다 희망적이다 평안하다

Date . . .

I HAVE

I FEEL 감사하다 기쁘다 설레다 충만하다 감동하다 행복하다 희망적이다 평안하다

Date . . .

I HAVE

I FEEL 감사하다 기쁘다 설레다 충만하다 감동하다 행복하다 희망적이다 평안하다

Date . . .

I HAVE

I FEEL 감사하다 기쁘다 설레다 충만하다 감동하다 행복하다 희망적이다 평안하다

Date . . .

I HAVE

I FEEL 감사하다 기쁘다 설레다 충만하다 감동하다 행복하다 희망적이다 평안하다

Date . . .

I HAVE

I FEEL 감사하다 기쁘다 설레다 충만하다 감동하다 행복하다 희망적이다 평안하다

Date . . .

I HAVE

I FEEL 감사하다 기쁘다 설레다 충만하다 감동하다 행복하다 희망적이다 평안하다

Date . . .

I HAVE

I FEEL 감사하다 기쁘다 설레다 충만하다 감동하다 행복하다 희망적이다 평안하다

Date . . .

I HAVE

I FEEL 감사하다 기쁘다 설레다 충만하다 감동하다 행복하다 희망적이다 평안하다

Date . . .

I HAVE

I FEEL 감사하다 기쁘다 설레다 충만하다 감동하다 행복하다 희망적이다 평안하다

Date . . .

I HAVE

I FEEL 감사하다 기쁘다 설레다 충만하다 감동하다 행복하다 희망적이다 평안하다

Date . . .

I HAVE

I FEEL 감사하다 기쁘다 설레다 충만하다 감동하다 행복하다 희망적이다 평안하다

Date . . .

I HAVE

I FEEL 감사하다 기쁘다 설레다 충만하다 감동하다 행복하다 희망적이다 평안하다

Date . . .

I HAVE

I FEEL 감사하다 기쁘다 설레다 충만하다 감동하다 행복하다 희망적이다 평안하다

Date . . .

I HAVE

I FEEL 감사하다 기쁘다 설레다 충만하다 감동하다 행복하다 희망적이다 평안하다

Date . . .

I HAVE

I FEEL 감사하다 기쁘다 설레다 충만하다 감동하다 행복하다 희망적이다 평안하다

Date . . .

I HAVE

I FEEL 감사하다 기쁘다 설레다 충만하다 감동하다 행복하다 희망적이다 평안하다

Date . . .

I HAVE

I FEEL 감사하다 기쁘다 설레다 충만하다 감동하다 행복하다 희망적이다 평안하다

Date . . .

I HAVE

I FEEL 감사하다 기쁘다 설레다 충만하다 감동하다 행복하다 희망적이다 평안하다

Date . . .

I HAVE

I FEEL 감사하다 기쁘다 설레다 충만하다 감동하다 행복하다 희망적이다 평안하다

Date . . .

I HAVE

I FEEL 감사하다 기쁘다 설레다 충만하다 감동하다 행복하다 희망적이다 평안하다

간절히 원하는 마음은

'결핍'에 집중하는 거예요.

나한테 지금 없다고 느끼기에

그런 마음이 생기는 거죠.

Having은 물살에 튜브를 타고

편안하게 흘러가듯

흐름에 몸을 맡기는 것이에요.

순탄하고 편안할 수밖에 없지요.

반면 간절히 원하는 것은 거칠거칠한 돌바닥 위에서

무거운 상자를 힘껏 미는 것과 비슷해요.

미는 힘이 셀수록 그 반발 때문에 마찰력도 강해지겠죠.

문제는, 사람들이 결핍의 느낌이 강할수록

더 간절히 원한다는 거예요.

결국 악순환이 되는 거죠.

Date . . .

I HAVE

I FEEL 감사하다 기쁘다 설레다 충만하다 감동하다 행복하다 희망적이다 평안하다

Date . . .

I HAVE

I FEEL 감사하다 기쁘다 설레다 충만하다 감동하다 행복하다 희망적이다 평안하다

Date . . .

I HAVE

I FEEL 감사하다 기쁘다 설레다 충만하다 감동하다 행복하다 희망적이다 평안하다

Date . . .

I HAVE

I FEEL 감사하다 기쁘다 설레다 충만하다 감동하다 행복하다 희망적이다 평안하다

Date . . .

I HAVE

I FEEL 감사하다 기쁘다 설레다 충만하다 감동하다 행복하다 희망적이다 평안하다

Date . . .

I HAVE

I FEEL 감사하다 기쁘다 설레다 충만하다 감동하다 행복하다 희망적이다 평안하다

Date . . .

I HAVE

I FEEL 감사하다 기쁘다 설레다 충만하다 감동하다 행복하다 희망적이다 평안하다

Date . . .

I HAVE

I FEEL 감사하다 기쁘다 설레다 충만하다 감동하다 행복하다 희망적이다 평안하다

Date . . .

I HAVE

I FEEL 감사하다 기쁘다 설레다 충만하다 감동하다 행복하다 희망적이다 평안하다

Date . .

I HAVE

I FEEL 감사하다 기쁘다 설레다 충만하다 감동하다 행복하다 희망적이다 평안하다

Date . . .

I HAVE

I FEEL 감사하다 기쁘다 설레다 충만하다 감동하다 행복하다 희망적이다 평안하다

Date . . .

I HAVE

I FEEL 감사하다 기쁘다 설레다 충만하다 감동하다 행복하다 희망적이다 평안하다

Date . . .

I HAVE

I FEEL 감사하다 기쁘다 설레다 충만하다 감동하다 행복하다 희망적이다 평안하다

Date . . .

I HAVE

I FEEL 감사하다 기쁘다 설레다 충만하다 감동하다 행복하다 희망적이다 평안하다

Date . . .

I HAVE

I FEEL 감사하다 기쁘다 설레다 충만하다 감동하다 행복하다 희망적이다 평안하다

Date . . .

I HAVE

I FEEL 감사하다 기쁘다 설레다 충만하다 감동하다 행복하다 희망적이다 평안하다

Date . . .

I HAVE

I FEEL 감사하다 기쁘다 설레다 충만하다 감동하다 행복하다 희망적이다 평안하다

Date . . .

I HAVE

I FEEL 감사하다 기쁘다 설레다 충만하다 감동하다 행복하다 희망적이다 평안하다

Date . . .

I HAVE

I FEEL 감사하다 기쁘다 설레다 충만하다 감동하다 행복하다 희망적이다 평안하다

Date . . .

I HAVE

I FEEL 감사하다 기쁘다 설레다 충만하다 감동하다 행복하다 희망적이다 평안하다

Date . . .

I HAVE

I FEEL 감사하다 기쁘다 설레다 충만하다 감동하다 행복하다 희망적이다 평안하다

Date . . .

I HAVE

I FEEL 감사하다 기쁘다 설레다 충만하다 감동하다 행복하다 희망적이다 평안하다

Date . . .

I HAVE

I FEEL 감사하다 기쁘다 설레다 충만하다 감동하다 행복하다 희망적이다 평안하다

Date . . .

I HAVE

I FEEL 감사하다 기쁘다 설레다 충만하다 감동하다 행복하다 희망적이다 평안하다

Date . . .

I HAVE

I FEEL 감사하다 기쁘다 설레다 충만하다 감동하다 행복하다 희망적이다 평안하다

Date . . .

I HAVE

I FEEL 감사하다 기쁘다 설레다 충만하다 감동하다 행복하다 희망적이다 평안하다

컵을 우리에게 있는 부의 그릇,

컵에 담긴 물은 돈이라고 생각해보세요.

물컵이 갈팡질팡 흔들리는데

재물이 온전히 담겨 있을 리 없죠.

마음이 편안할 때 그 안의 물도

차분하게 머무르는 법이에요.

Date . . .

I HAVE

I FEEL 감사하다 기쁘다 설레다 충만하다 감동하다 행복하다 희망적이다 평안하다

Date . . .

I HAVE

I FEEL 감사하다 기쁘다 설레다 충만하다 감동하다 행복하다 희망적이다 평안하다

Date . . .

I HAVE

I FEEL 감사하다 기쁘다 설레다 충만하다 감동하다 행복하다 희망적이다 평안하다

Date . . .

I HAVE

I FEEL 감사하다 기쁘다 설레다 충만하다 감동하다 행복하다 희망적이다 평안하다

Date . . .

I HAVE

I FEEL 감사하다 기쁘다 설레다 충만하다 감동하다 행복하다 희망적이다 평안하다

Date . . .

I HAVE

I FEEL 감사하다 기쁘다 설레다 충만하다 감동하다 행복하다 희망적이다 평안하다

Date . . .

I HAVE

I FEEL 감사하다 기쁘다 설레다 충만하다 감동하다 행복하다 희망적이다 평안하다

Date . . .

I HAVE

I FEEL 감사하다 기쁘다 설레다 충만하다 감동하다 행복하다 희망적이다 평안하다

Date . . .

I HAVE

I FEEL 감사하다 기쁘다 설레다 충만하다 감동하다 행복하다 희망적이다 평안하다

Date . . .

I HAVE

I FEEL 감사하다 기쁘다 설레다 충만하다 감동하다 행복하다 희망적이다 평안하다

Date . . .

I HAVE

I FEEL 감사하다 기쁘다 설레다 충만하다 감동하다 행복하다 희망적이다 평안하다

Date . . .

I HAVE

I FEEL 감사하다 기쁘다 설레다 충만하다 감동하다 행복하다 희망적이다 평안하다

Date . . .

I HAVE

I FEEL 감사하다 기쁘다 설레다 충만하다 감동하다 행복하다 희망적이다 평안하다

Date . . .

I HAVE

I FEEL 감사하다 기쁘다 설레다 충만하다 감동하다 행복하다 희망적이다 평안하다

Date . . .

I HAVE

I FEEL 감사하다 기쁘다 설레다 충만하다 감동하다 행복하다 희망적이다 평안하다

Date . . .

I HAVE

I FEEL 감사하다 기쁘다 설레다 충만하다 감동하다 행복하다 희망적이다 평안하다

Date . . .

I HAVE

I FEEL 감사하다 기쁘다 설레다 충만하다 감동하다 행복하다 희망적이다 평안하다

Date . . .

I HAVE

I FEEL 감사하다 기쁘다 설레다 충만하다 감동하다 행복하다 희망적이다 평안하다

Date . . .

I HAVE

I FEEL 감사하다 기쁘다 설레다 충만하다 감동하다 행복하다 희망적이다 평안하다

Date . . . .

I HAVE

I FEEL 감사하다 기쁘다 설레다 충만하다 감동하다 행복하다 희망적이다 평안하다

Date . . .

I HAVE

I FEEL 감사하다 기쁘다 설레다 충만하다 감동하다 행복하다 희망적이다 평안하다

Date . . .

I HAVE

I FEEL 감사하다 기쁘다 설레다 충만하다 감동하다 행복하다 희망적이다 평안하다

Date . . .

I HAVE

I FEEL 감사하다 기쁘다 설레다 충만하다 감동하다 행복하다 희망적이다 평안하다

Date . . .

I HAVE

I FEEL 감사하다 기쁘다 설레다 충만하다 감동하다 행복하다 희망적이다 평안하다

Date . . .

I HAVE

I FEEL 감사하다 기쁘다 설레다 충만하다 감동하다 행복하다 희망적이다 평안하다

Date . . .

I HAVE

I FEEL 감사하다 기쁘다 설레다 충만하다 감동하다 행복하다 희망적이다 평안하다

우리는 세상의 어떤 것도
있는 그대로 인식할 수 없어요.
그저 주의를 기울이는 것에 따라
세상을 인식하죠.

'있음'에 주의를 기울인다면
당신을 둘러싼 세계는 다르게 인식될 거예요.
'없음'의 세상에서 '있음'의 세상으로요.

Date . . .

I HAVE

I FEEL 감사하다 기쁘다 설레다 충만하다 감동하다 행복하다 희망적이다 평안하다

Date . . .

I HAVE

I FEEL 감사하다 기쁘다 설레다 충만하다 감동하다 행복하다 희망적이다 평안하다

Date . . .

I HAVE

I FEEL 감사하다 기쁘다 설레다 충만하다 감동하다 행복하다 희망적이다 평안하다

Date . . .

I HAVE

I FEEL 감사하다 기쁘다 설레다 충만하다 감동하다 행복하다 희망적이다 평안하다

Date . . .

I HAVE

I FEEL 감사하다 기쁘다 설레다 충만하다 감동하다 행복하다 희망적이다 평안하다

Date . . .

I HAVE

I FEEL 감사하다 기쁘다 설레다 충만하다 감동하다 행복하다 희망적이다 평안하다

Date . . .

I HAVE

I FEEL 감사하다 기쁘다 설레다 충만하다 감동하다 행복하다 희망적이다 평안하다

Date . . .

I HAVE

I FEEL 감사하다 기쁘다 설레다 충만하다 감동하다 행복하다 희망적이다 평안하다

Date . . .

I HAVE

I FEEL 감사하다 기쁘다 설레다 충만하다 감동하다 행복하다 희망적이다 평안하다

Date . . .

I HAVE

I FEEL 감사하다 기쁘다 설레다 충만하다 감동하다 행복하다 희망적이다 평안하다

Date . . .

I HAVE

I FEEL 감사하다 기쁘다 설레다 충만하다 감동하다 행복하다 희망적이다 평안하다

Date . . .

I HAVE

I FEEL 감사하다 기쁘다 설레다 충만하다 감동하다 행복하다 희망적이다 평안하다

Date . . .

I HAVE

I FEEL 감사하다 기쁘다 설레다 충만하다 감동하다 행복하다 희망적이다 평안하다

Date . . .

I HAVE

I FEEL 감사하다 기쁘다 설레다 충만하다 감동하다 행복하다 희망적이다 평안하다

Date . . .

I HAVE

I FEEL 감사하다 기쁘다 설레다 충만하다 감동하다 행복하다 희망적이다 평안하다

Date . . .

I HAVE

I FEEL 감사하다 기쁘다 설레다 충만하다 감동하다 행복하다 희망적이다 평안하다

Date . . .

I HAVE

I FEEL 감사하다 기쁘다 설레다 충만하다 감동하다 행복하다 희망적이다 평안하다

Date . . .

I HAVE

I FEEL 감사하다 기쁘다 설레다 충만하다 감동하다 행복하다 희망적이다 평안하다

Date . . .

I HAVE

I FEEL 감사하다 기쁘다 설레다 충만하다 감동하다 행복하다 희망적이다 평안하다

Date . . .

I HAVE

I FEEL 감사하다 기쁘다 설레다 충만하다 감동하다 행복하다 희망적이다 평안하다

Date . . .

I HAVE

I FEEL 감사하다 기쁘다 설레다 충만하다 감동하다 행복하다 희망적이다 평안하다

Date . . .

I HAVE

I FEEL 감사하다 기쁘다 설레다 충만하다 감동하다 행복하다 희망적이다 평안하다

Date . . .

I HAVE

I FEEL 감사하다 기쁘다 설레다 충만하다 감동하다 행복하다 희망적이다 평안하다

Date . . .

I HAVE

I FEEL 감사하다 기쁘다 설레다 충만하다 감동하다 행복하다 희망적이다 평안하다

Date . . .

I HAVE

I FEEL 감사하다 기쁘다 설레다 충만하다 감동하다 행복하다 희망적이다 평안하다

Date . . .

I HAVE

I FEEL 감사하다 기쁘다 설레다 충만하다 감동하다 행복하다 희망적이다 평안하다

누구나 사랑받을 자격이 있는 것처럼

누구나 부자가 될 자격을

갖고 태어난 것만은 확실한 사실이죠.

Date . . .

I HAVE

I FEEL 감사하다 기쁘다 설레다 충만하다 감동하다 행복하다 희망적이다 평안하다

Date . . .

I HAVE

I FEEL 감사하다 기쁘다 설레다 충만하다 감동하다 행복하다 희망적이다 평안하다

Date . . .

I HAVE

I FEEL 감사하다 기쁘다 설레다 충만하다 감동하다 행복하다 희망적이다 평안하다

Date . . .

I HAVE

I FEEL 감사하다 기쁘다 설레다 충만하다 감동하다 행복하다 희망적이다 평안하다

Date . . .

I HAVE

I FEEL 감사하다 기쁘다 설레다 충만하다 감동하다 행복하다 희망적이다 평안하다

Date . . .

I HAVE

I FEEL 감사하다 기쁘다 설레다 충만하다 감동하다 행복하다 희망적이다 평안하다

Date . . .

I HAVE

I FEEL 감사하다 기쁘다 설레다 충만하다 감동하다 행복하다 희망적이다 평안하다

Date . . .

I HAVE

I FEEL 감사하다 기쁘다 설레다 충만하다 감동하다 행복하다 희망적이다 평안하다

Date . . .

I HAVE

I FEEL 감사하다 기쁘다 설레다 충만하다 감동하다 행복하다 희망적이다 평안하다

Date . . .

I HAVE

I FEEL 감사하다 기쁘다 설레다 충만하다 감동하다 행복하다 희망적이다 평안하다

Date . . .

I HAVE

I FEEL 감사하다 기쁘다 설레다 충만하다 감동하다 행복하다 희망적이다 평안하다

Date . . .

I HAVE

I FEEL 감사하다 기쁘다 설레다 충만하다 감동하다 행복하다 희망적이다 평안하다

Date . . .

I HAVE

I FEEL 감사하다 기쁘다 설레다 충만하다 감동하다 행복하다 희망적이다 평안하다

Date . . .

I HAVE

I FEEL 감사하다 기쁘다 설레다 충만하다 감동하다 행복하다 희망적이다 평안하다

Date . . .

I HAVE

I FEEL 감사하다 기쁘다 설레다 충만하다 감동하다 행복하다 희망적이다 평안하다

Date . . .

I HAVE

I FEEL 감사하다 기쁘다 설레다 충만하다 감동하다 행복하다 희망적이다 평안하다

Date . . .

I HAVE

I FEEL 감사하다 기쁘다 설레다 충만하다 감동하다 행복하다 희망적이다 평안하다

Date . . .

I HAVE

I FEEL 감사하다 기쁘다 설레다 충만하다 감동하다 행복하다 희망적이다 평안하다

Date . . .

I HAVE

I FEEL 감사하다 기쁘다 설레다 충만하다 감동하다 행복하다 희망적이다 평안하다

Date . . .

I HAVE

I FEEL 감사하다 기쁘다 설레다 충만하다 감동하다 행복하다 희망적이다 평안하다

Date . . .

I HAVE

I FEEL 감사하다 기쁘다 설레다 충만하다 감동하다 행복하다 희망적이다 평안하다

Date . . .

I HAVE

I FEEL 감사하다 기쁘다 설레다 충만하다 감동하다 행복하다 희망적이다 평안하다

Date . . .

I HAVE

I FEEL 감사하다 기쁘다 설레다 충만하다 감동하다 행복하다 희망적이다 평안하다

Date . . .

I HAVE

I FEEL 감사하다 기쁘다 설레다 충만하다 감동하다 행복하다 희망적이다 평안하다

Date . . .

I HAVE

I FEEL 감사하다 기쁘다 설레다 충만하다 감동하다 행복하다 희망적이다 평안하다

Date . . .

I HAVE

I FEEL 감사하다 기쁘다 설레다 충만하다 감동하다 행복하다 희망적이다 평안하다

과거를 정의하는 것은 현재예요.

지금 깨달음을 얻는 데 도움이 되었다면

그 과거는 가치 있는 재산이 된 셈이에요.

게다가 감사함은 더 큰 행운을 불러들이곤 하죠.

행운의 과학은 성공해서 행복하기보다

행복해서 성공하기를 가르치거든요.

Date . . .

I HAVE

I FEEL 감사하다 기쁘다 설레다 충만하다 감동하다 행복하다 희망적이다 평안하다

Date . . .

I HAVE

I FEEL 감사하다 기쁘다 설레다 충만하다 감동하다 행복하다 희망적이다 평안하다

Date . . .

I HAVE

I FEEL 감사하다 기쁘다 설레다 충만하다 감동하다 행복하다 희망적이다 평안하다

Date . . .

I HAVE

I FEEL 감사하다 기쁘다 설레다 충만하다 감동하다 행복하다 희망적이다 평안하다

Date . . .

I HAVE

I FEEL 감사하다 기쁘다 설레다 충만하다 감동하다 행복하다 희망적이다 평안하다

Date . . .

I HAVE

I FEEL 감사하다 기쁘다 설레다 충만하다 감동하다 행복하다 희망적이다 평안하다

Date . . .

I HAVE

I FEEL 감사하다 기쁘다 설레다 충만하다 감동하다 행복하다 희망적이다 평안하다

Date . . .

I HAVE

I FEEL 감사하다 기쁘다 설레다 충만하다 감동하다 행복하다 희망적이다 평안하다

Date . . .

I HAVE

I FEEL 감사하다 기쁘다 설레다 충만하다 감동하다 행복하다 희망적이다 평안하다

Date . . .

I HAVE

I FEEL 감사하다 기쁘다 설레다 충만하다 감동하다 행복하다 희망적이다 평안하다

Date . . .

I HAVE

I FEEL 감사하다 기쁘다 설레다 충만하다 감동하다 행복하다 희망적이다 평안하다

Date . . .

I HAVE

I FEEL 감사하다 기쁘다 설레다 충만하다 감동하다 행복하다 희망적이다 평안하다

Date . . .

I HAVE

I FEEL 감사하다 기쁘다 설레다 충만하다 감동하다 행복하다 희망적이다 평안하다

Date . . .

I HAVE

I FEEL 감사하다 기쁘다 설레다 충만하다 감동하다 행복하다 희망적이다 평안하다

Date . . .

I HAVE

I FEEL 감사하다 기쁘다 설레다 충만하다 감동하다 행복하다 희망적이다 평안하다

Date . . .

I HAVE

I FEEL 감사하다 기쁘다 설레다 충만하다 감동하다 행복하다 희망적이다 평안하다

Date . . .

I HAVE

I FEEL 감사하다 기쁘다 설레다 충만하다 감동하다 행복하다 희망적이다 평안하다

Date . . .

I HAVE

I FEEL 감사하다 기쁘다 설레다 충만하다 감동하다 행복하다 희망적이다 평안하다

Date . . .

I HAVE

I FEEL 감사하다 기쁘다 설레다 충만하다 감동하다 행복하다 희망적이다 평안하다

Date . . .

I HAVE

I FEEL 감사하다 기쁘다 설레다 충만하다 감동하다 행복하다 희망적이다 평안하다

Date . . .

I HAVE

I FEEL 감사하다 기쁘다 설레다 충만하다 감동하다 행복하다 희망적이다 평안하다

Date . . .

I HAVE

I FEEL 감사하다 기쁘다 설레다 충만하다 감동하다 행복하다 희망적이다 평안하다

Date . . .

I HAVE

I FEEL 감사하다 기쁘다 설레다 충만하다 감동하다 행복하다 희망적이다 평안하다

Date . . .

I HAVE

I FEEL 감사하다 기쁘다 설레다 충만하다 감동하다 행복하다 희망적이다 평안하다

Date . . .

I HAVE

I FEEL 감사하다 기쁘다 설레다 충만하다 감동하다 행복하다 희망적이다 평안하다

Date . . .

I HAVE

I FEEL 감사하다 기쁘다 설레다 충만하다 감동하다 행복하다 희망적이다 평안하다

모든 사건은 항상 반전의 기회를 갖고 있어요.
중요한 시기에 주어지는 달콤한 일들이
나중에 독으로 작용하는 경우도 많고,
누가 보아도 불행한 일이 사실은
그 사람을 다시 태어나게 하는 경우도 많죠.

고정관념은 사람을 특정 감정에 얽매여
이미 닫혀버린 문만 바라보게 만들어요.
고개만 돌리면 새로운 문이
열려 있는데 그것을 보지 못하게 하죠.

Date . . .

I HAVE

I FEEL 감사하다 기쁘다 설레다 충만하다 감동하다 행복하다 희망적이다 평안하다

Date . . .

I HAVE

I FEEL 감사하다 기쁘다 설레다 충만하다 감동하다 행복하다 희망적이다 평안하다

Date . . .

I HAVE

I FEEL 감사하다 기쁘다 설레다 충만하다 감동하다 행복하다 희망적이다 평안하다

Date . . .

I HAVE

I FEEL 감사하다 기쁘다 설레다 충만하다 감동하다 행복하다 희망적이다 평안하다

Date . . .

I HAVE

I FEEL 감사하다 기쁘다 설레다 충만하다 감동하다 행복하다 희망적이다 평안하다

Date . . .

I HAVE

I FEEL 감사하다 기쁘다 설레다 충만하다 감동하다 행복하다 희망적이다 평안하다

Date . . .

I HAVE

I FEEL 감사하다 기쁘다 설레다 충만하다 감동하다 행복하다 희망적이다 평안하다

Date . . .

I HAVE

I FEEL 감사하다 기쁘다 설레다 충만하다 감동하다 행복하다 희망적이다 평안하다

Date . . .

I HAVE

I FEEL 감사하다 기쁘다 설레다 충만하다 감동하다 행복하다 희망적이다 평안하다

Date . . .

I HAVE

I FEEL 감사하다 기쁘다 설레다 충만하다 감동하다 행복하다 희망적이다 평안하다

Date . . .

I HAVE

I FEEL 감사하다 기쁘다 설레다 충만하다 감동하다 행복하다 희망적이다 평안하다

Date . . .

I HAVE

I FEEL 감사하다 기쁘다 설레다 충만하다 감동하다 행복하다 희망적이다 평안하다

Date . . .

I HAVE

I FEEL 감사하다 기쁘다 설레다 충만하다 감동하다 행복하다 희망적이다 평안하다

Date . . .

I HAVE

I FEEL 감사하다 기쁘다 설레다 충만하다 감동하다 행복하다 희망적이다 평안하다

Date . . .

I HAVE

I FEEL 감사하다 기쁘다 설레다 충만하다 감동하다 행복하다 희망적이다 평안하다

Date . . .

I HAVE

I FEEL 감사하다 기쁘다 설레다 충만하다 감동하다 행복하다 희망적이다 평안하다

Date . . .

I HAVE

I FEEL 감사하다 기쁘다 설레다 충만하다 감동하다 행복하다 희망적이다 평안하다

Date . . .

I HAVE

I FEEL 감사하다 기쁘다 설레다 충만하다 감동하다 행복하다 희망적이다 평안하다

Date . . .

I HAVE

I FEEL 감사하다 기쁘다 설레다 충만하다 감동하다 행복하다 희망적이다 평안하다

Date . . .

I HAVE

I FEEL 감사하다 기쁘다 설레다 충만하다 감동하다 행복하다 희망적이다 평안하다

Date . . .

I HAVE

I FEEL 감사하다 기쁘다 설레다 충만하다 감동하다 행복하다 희망적이다 평안하다

Date . . .

I HAVE

I FEEL 감사하다 기쁘다 설레다 충만하다 감동하다 행복하다 희망적이다 평안하다

Date . . .

I HAVE

I FEEL 감사하다 기쁘다 설레다 충만하다 감동하다 행복하다 희망적이다 평안하다

Date . . .

I HAVE

I FEEL 감사하다 기쁘다 설레다 충만하다 감동하다 행복하다 희망적이다 평안하다

Date . . .

I HAVE

I FEEL 감사하다 기쁘다 설레다 충만하다 감동하다 행복하다 희망적이다 평안하다

Date . . .

I HAVE

I FEEL 감사하다 기쁘다 설레다 충만하다 감동하다 행복하다 희망적이다 평안하다

삶이란 내 안의 여러 가지 '나'를 찾아

통합시켜가는 여정이에요.

우리는 결국 자기 자신이 되어야 해요.

사람은 자신다워질 때

스스로를 행복하게 만들 수 있는

내면의 힘을 발견하게 되죠.

Date . . .

I HAVE

I FEEL 감사하다 기쁘다 설레다 충만하다 감동하다 행복하다 희망적이다 평안하다

Date . . .

I HAVE

I FEEL 감사하다 기쁘다 설레다 충만하다 감동하다 행복하다 희망적이다 평안하다

Date . . .

I HAVE

I FEEL 감사하다 기쁘다 설레다 충만하다 감동하다 행복하다 희망적이다 평안하다

Date . . .

I HAVE

I FEEL 감사하다 기쁘다 설레다 충만하다 감동하다 행복하다 희망적이다 평안하다

Date . . .

I HAVE

I FEEL 감사하다 기쁘다 설레다 충만하다 감동하다 행복하다 희망적이다 평안하다

Date . . .

I HAVE

I FEEL 감사하다 기쁘다 설레다 충만하다 감동하다 행복하다 희망적이다 평안하다

Date . . .

I HAVE

I FEEL 감사하다 기쁘다 설레다 충만하다 감동하다 행복하다 희망적이다 평안하다

Date . . .

I HAVE

I FEEL 감사하다 기쁘다 설레다 충만하다 감동하다 행복하다 희망적이다 평안하다

Date . . .

I HAVE

I FEEL 감사하다 기쁘다 설레다 충만하다 감동하다 행복하다 희망적이다 평안하다

Date . . .

I HAVE

I FEEL 감사하다 기쁘다 설레다 충만하다 감동하다 행복하다 희망적이다 평안하다

Date . . .

I HAVE

I FEEL 감사하다 기쁘다 설레다 충만하다 감동하다 행복하다 희망적이다 평안하다

Date . . .

I HAVE

I FEEL 감사하다 기쁘다 설레다 충만하다 감동하다 행복하다 희망적이다 평안하다

Date . . .

I HAVE

I FEEL 감사하다 기쁘다 설레다 충만하다 감동하다 행복하다 희망적이다 평안하다

Date . . .

I HAVE

I FEEL 감사하다 기쁘다 설레다 충만하다 감동하다 행복하다 희망적이다 평안하다

Date . . .

I HAVE

I FEEL 감사하다 기쁘다 설레다 충만하다 감동하다 행복하다 희망적이다 평안하다

Date . . .

I HAVE

I FEEL 감사하다 기쁘다 설레다 충만하다 감동하다 행복하다 희망적이다 평안하다

Date . . .

I HAVE

I FEEL 감사하다 기쁘다 설레다 충만하다 감동하다 행복하다 희망적이다 평안하다

Date . . .

I HAVE

I FEEL 감사하다 기쁘다 설레다 충만하다 감동하다 행복하다 희망적이다 평안하다

Date . . .

I HAVE

I FEEL 감사하다 기쁘다 설레다 충만하다 감동하다 행복하다 희망적이다 평안하다

Date . . .

I HAVE

I FEEL 감사하다 기쁘다 설레다 충만하다 감동하다 행복하다 희망적이다 평안하다

Date . . .

I HAVE

I FEEL 감사하다 기쁘다 설레다 충만하다 감동하다 행복하다 희망적이다 평안하다

Date . . .

I HAVE

I FEEL 감사하다 기쁘다 설레다 충만하다 감동하다 행복하다 희망적이다 평안하다

Date . . .

I HAVE

I FEEL 감사하다 기쁘다 설레다 충만하다 감동하다 행복하다 희망적이다 평안하다

Date . . .

I HAVE

I FEEL 감사하다 기쁘다 설레다 충만하다 감동하다 행복하다 희망적이다 평안하다

Date . . .

I HAVE

I FEEL 감사하다 기쁘다 설레다 충만하다 감동하다 행복하다 희망적이다 평안하다

Date . . .

I HAVE

I FEEL 감사하다 기쁘다 설레다 충만하다 감동하다 행복하다 희망적이다 평안하다

대부분의 사람들이 무의식적으로
기계론적 세계관을 받아들이죠.
그 결과 세상이라는 커다란 공장 속의
작은 톱니바퀴와 같은 삶을 선택하게 되는 거예요.

자신의 잠재력은 일찌감치 족쇄로 채워버린 채,
평생 얼마를 벌 수 있을지 미리 한계를 그어버리고요.
자신의 욕망을 통제하고 오늘을 희생해야
비로소 가난을 정복할 수 있다고 생각하지요.

Date . . .

I HAVE

I FEEL 감사하다 기쁘다 설레다 충만하다 감동하다 행복하다 희망적이다 평안하다

Date . . .

I HAVE

I FEEL 감사하다 기쁘다 설레다 충만하다 감동하다 행복하다 희망적이다 평안하다

Date . . .

I HAVE

I FEEL 감사하다 기쁘다 설레다 충만하다 감동하다 행복하다 희망적이다 평안하다

Date . . .

I HAVE

I FEEL 감사하다 기쁘다 설레다 충만하다 감동하다 행복하다 희망적이다 평안하다

Date . . .

I HAVE

I FEEL 감사하다 기쁘다 설레다 충만하다 감동하다 행복하다 희망적이다 평안하다

Date . . .

I HAVE

I FEEL 감사하다 기쁘다 설레다 충만하다 감동하다 행복하다 희망적이다 평안하다

Date . . .

I HAVE

I FEEL 감사하다 기쁘다 설레다 충만하다 감동하다 행복하다 희망적이다 평안하다

Date . . .

I HAVE

I FEEL 감사하다 기쁘다 설레다 충만하다 감동하다 행복하다 희망적이다 평안하다

Date . . .

I HAVE

I FEEL 감사하다 기쁘다 설레다 충만하다 감동하다 행복하다 희망적이다 평안하다

Date . . .

I HAVE

I FEEL 감사하다 기쁘다 설레다 충만하다 감동하다 행복하다 희망적이다 평안하다

Date . . .

I HAVE

I FEEL 감사하다 기쁘다 설레다 충만하다 감동하다 행복하다 희망적이다 평안하다

Date . . .

I HAVE

I FEEL 감사하다 기쁘다 설레다 충만하다 감동하다 행복하다 희망적이다 평안하다

Date . . .

I HAVE

I FEEL 감사하다 기쁘다 설레다 충만하다 감동하다 행복하다 희망적이다 평안하다

Date . . .

I HAVE

I FEEL 감사하다 기쁘다 설레다 충만하다 감동하다 행복하다 희망적이다 평안하다

Date . . .

I HAVE

I FEEL 감사하다 기쁘다 설레다 충만하다 감동하다 행복하다 희망적이다 평안하다

Date . . .

I HAVE

I FEEL 감사하다 기쁘다 설레다 충만하다 감동하다 행복하다 희망적이다 평안하다

Date . . .

I HAVE

I FEEL 감사하다 기쁘다 설레다 충만하다 감동하다 행복하다 희망적이다 평안하다

Date . . .

I HAVE

I FEEL 감사하다 기쁘다 설레다 충만하다 감동하다 행복하다 희망적이다 평안하다

Date . . .

I HAVE

I FEEL 감사하다 기쁘다 설레다 충만하다 감동하다 행복하다 희망적이다 평안하다

Date . . .

I HAVE

I FEEL 감사하다 기쁘다 설레다 충만하다 감동하다 행복하다 희망적이다 평안하다

Date . . .

I HAVE

I FEEL 감사하다 기쁘다 설레다 충만하다 감동하다 행복하다 희망적이다 평안하다

Date . . .

I HAVE

I FEEL 감사하다 기쁘다 설레다 충만하다 감동하다 행복하다 희망적이다 평안하다

Date . . .

I HAVE

I FEEL 감사하다 기쁘다 설레다 충만하다 감동하다 행복하다 희망적이다 평안하다

Date . . .

I HAVE

I FEEL 감사하다 기쁘다 설레다 충만하다 감동하다 행복하다 희망적이다 평안하다

Date . . .

I HAVE

I FEEL 감사하다 기쁘다 설레다 충만하다 감동하다 행복하다 희망적이다 평안하다

Date . . .

I HAVE

I FEEL 감사하다 기쁘다 설레다 충만하다 감동하다 행복하다 희망적이다 평안하다

Date . . .

I HAVE

.

I FEEL 감사하다 기쁘다 설레다 충만하다 감동하다 행복하다 희망적이다 평안하다

Date . . .

I HAVE

I FEEL 감사하다 기쁘다 설레다 충만하다 감동하다 행복하다 희망적이다 평안하다

Date . . .

I HAVE

I FEEL 감사하다 기쁘다 설레다 충만하다 감동하다 행복하다 희망적이다 평안하다

Date . . .

I HAVE

I FEEL 감사하다 기쁘다 설레다 충만하다 감동하다 행복하다 희망적이다 평안하다

우리 미래는 밀가루 반죽과 같아요.
다양한 가능성으로 존재하죠.
우리가 관찰하고 인식하고 느끼는 에너지가
반죽의 모양을 형성하는 거예요.
그리고 완성된 반죽이 굳으면
우리 앞의 현실이 되죠.

다시 말해 쿠키를 어떤 모양으로
빚고 구워낼지는 우리 손에 달려 있어요.
우리는 자신을 둘러싼 세계를
스스로 바꿔갈 수 있어요.
미래를 창조할 수 있는
에너지를 가진 존재니까요.

Having Note

1판 1쇄 발행 2020년 6월 15일 **1판 3쇄 발행** 2020년 6월 25일

지은이 이서윤·홍주연 **발행처** (주)수오서재 **발행인** 황은희·장건태

디자인 행복한물고기 **제작** 제이오 **등록** 2018년 10월 4일(제406-2018-000114호)

주소 경기도 파주시 돌곶이길 170-2 (10883) **전화** 031)955-9790 **팩스** 031)946-9796

전자우편 info@suobooks.com **홈페이지** www.suobooks.com

ISBN 979-11-90382-20-5 03320